AF194002

Impressum
Verlag: BABADADA GmbH, Nedderfeld 112 , 22529 Hamburg
Geschäftsführer / Verlagsleitung: Harald Hof
Druck: Books on Demand GmbH, In de Tarpen 42, 22848 Norderstedt

Imprint
Publisher: BABADADA GmbH, Nedderfeld 112 , 22529 Hamburg, Germany
Managing Director / Publishing direction: Harald Hof
Print: Books on Demand GmbH, In de Tarpen 42, 22848 Norderstedt

School

école

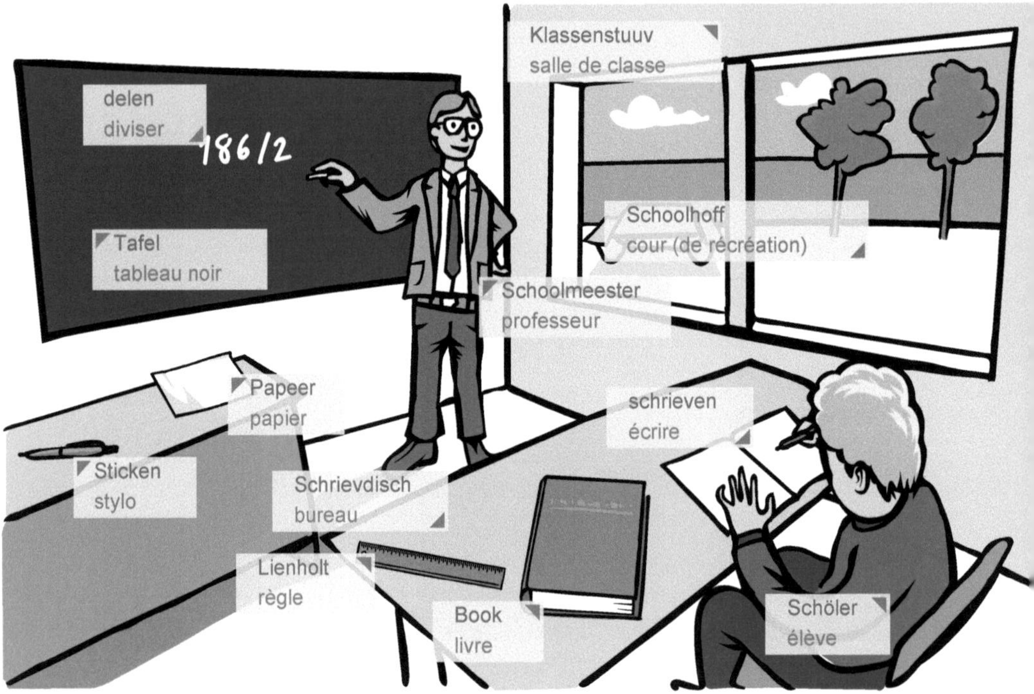
Klassenstuuv
salle de classe
delen
diviser
186/2
Tafel
tableau noir
Schoolhoff
cour (de récréation)
Schoolmeester
professeur
Papeer
papier
schrieven
écrire
Sticken
stylo
Schrievdisch
bureau
Lienholt
règle
Book
livre
Schöler
élève

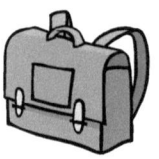

Ranzel

cartable

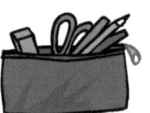

Feddermapp

trousse

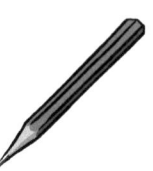

Bleesticken

crayon

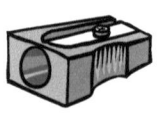

Scharpmaker

taille-crayon

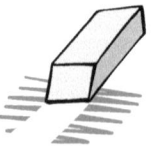

Radeergummi

gomme

Tekenblock

carnet à dessin

Teken

dessin

Pinsel

pinceau

Malkassen

boîte de peinture

Scheer

ciseaux

Klever

colle

Heft to'n Öven

cahier d'exercices

Huusopgaav

devoirs

12

Tall

chiffre

2+2

tohooptellen

additionner

5-2

aftrecken

soustraire

2×2

malnehmen

multiplier

reken

calculer

A

Bookstaav

lettre

ABCDEFG
HIJKLMN
OPQRSTU
VWXYZ

ABC

alphabet

hello

Woort

mot

Text
texte

lesen
lire

Kried
craie

Stunn
leçon

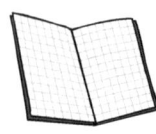

Klassenbook
livre de classe

Pröven
examen

Tüügnis
certificat

Schooluniform
uniforme scolaire

Utbillen
formation

Nakieksel
lexique

Universität
université

Mikroskop
microscope

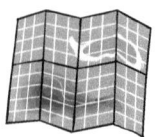

Koort
carte

Papeerkorf
corbeille à papier

Törn
voyage

Hotel
hôtel
Grand
Harbarg
auberge
ROOMS
Wesselstuuv
bureau de change
CHANGE
Kuffer
valise
Auto
voiture

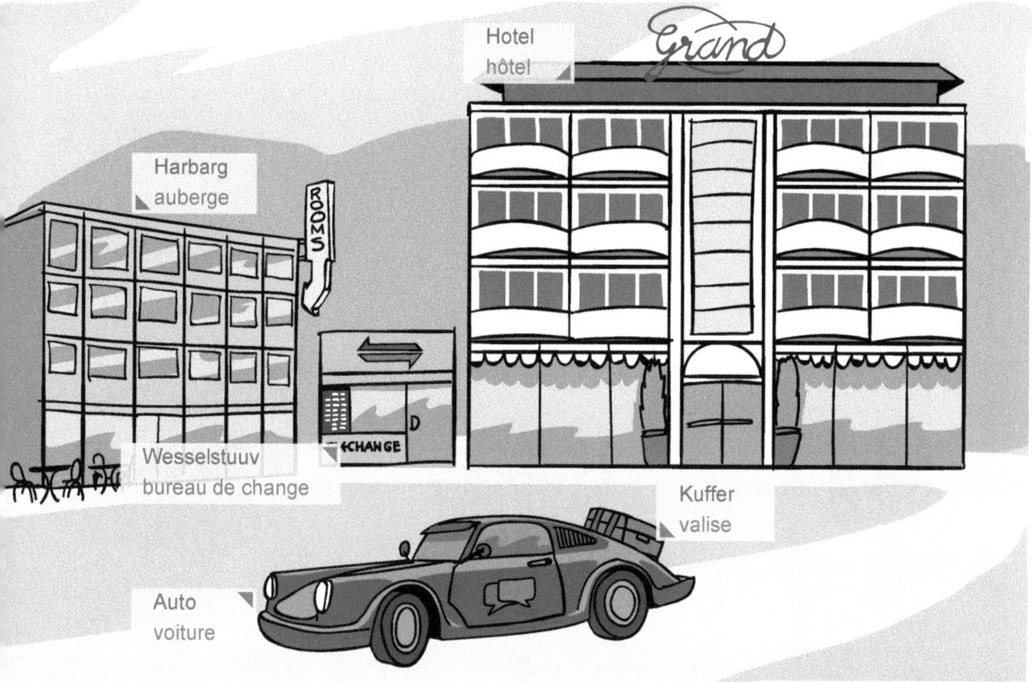

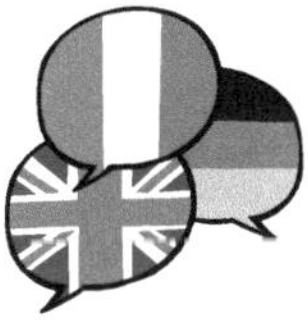

Spraak
langue

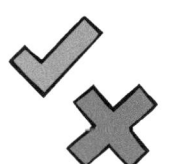

jo / ne
oui / non

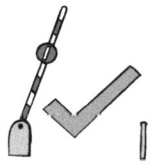

Jo
d'accord

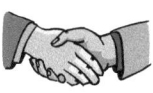

Moin
Salut

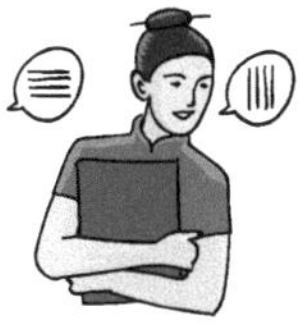

Översetter
interprète

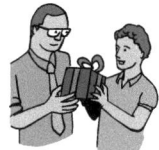

Dank ok
merci

Wat kost...?

Combien coûte...?

Ik verstah nich

Je ne comprends pas

Problem

problème

Goden Avend

Bonsoir !

Moin!

Bonjour !

Gode Nacht!

Bonne nuit !

Tschüüs

Au revoir

Richt

direction

Bagaasch

bagages

Tasch

sac

Rüchsack

sac-à-dos

Gast

hôte

Stuuv

pièce

Slaapsack

sac de couchage

Telt

tente

Touristeninformatschoon

office de tourisme

Strand

plage

Kreditkoort

carte de crédit

Fröhstück

petit-déjeuner

Meddageten

déjeuner

Avendeten

dîner

Fohrkort

billet

Fohrstohl

ascenseur

Breefmark

timbre

Grenz

frontière

Toll

douane

Bottschop

ambassade

Visum

visa

Pass

passeport

Transport
transport

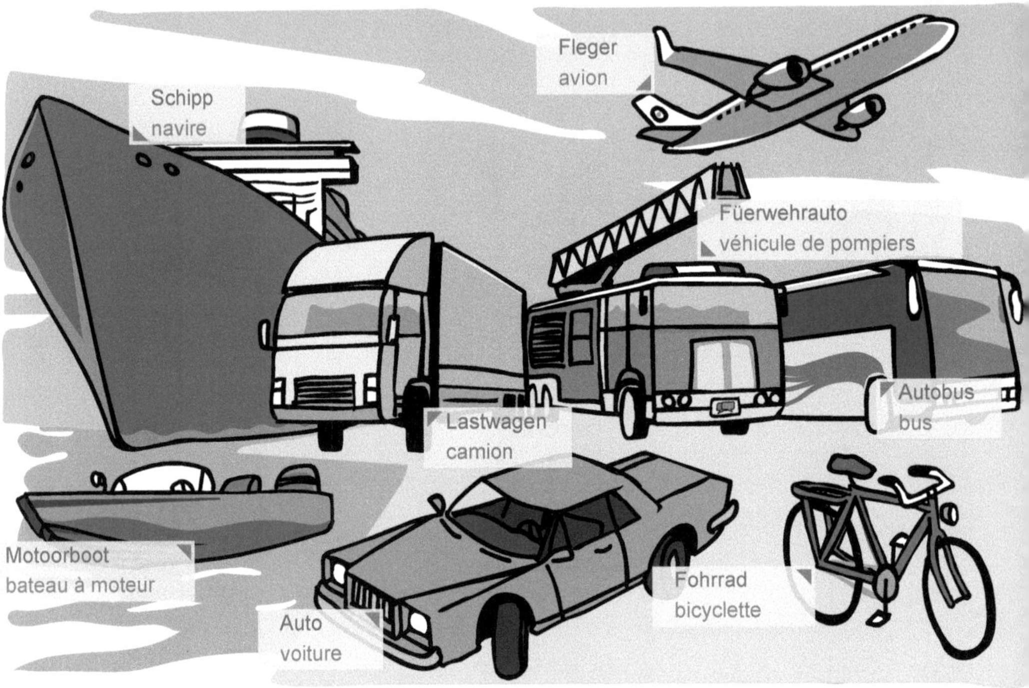
Fleger
avion
Schipp
navire
Füerwehrauto
véhicule de pompiers
Autobus
bus
Lastwagen
camion
Motoorboot
bateau à moteur
Fohrrad
bicyclette
Auto
voiture

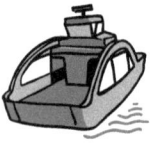

Fähr
ferry

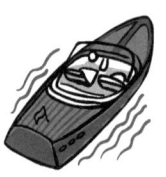

Boot
barque

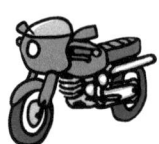

Motoorrad
moto

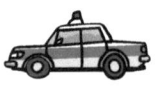

Polizeiauto
voiture de police

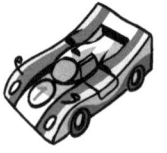

Rönnauto
voiture de course

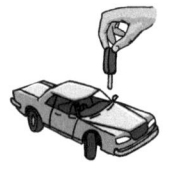

Lehnwagen
voiture de location

Carsharing

auto-partage

Afsleepwagen

voiture de remorquage

Müllauto

benne à ordures

Motoor

moteur

Kraftstoff

essence

Tanksteed

station d'essence

Verkehrsschild

panneau indicateur

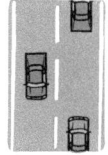

Verkehr

trafic

Stau

embouteillage

Afstellplatz

parking

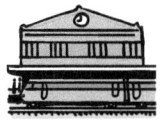

Bahnhoff

gare

Sporen

rails

Tog

train

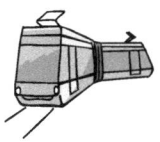

Stratenbahn

tramway

Wagon

wagon

Dwarsmöhl

hélicoptère

Flooghaven

aéroport

Tower

tour

Fohrgast

passager

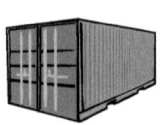

Grootkist

conteneur

Karton

carton

Koor

chariot

Korf

corbeille

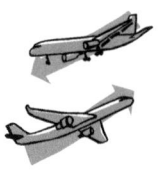

starten / lannen

décoller / atterrir

Stadt

ville

Dörp

village

Binnenstadt

centre-ville

Huus

maison

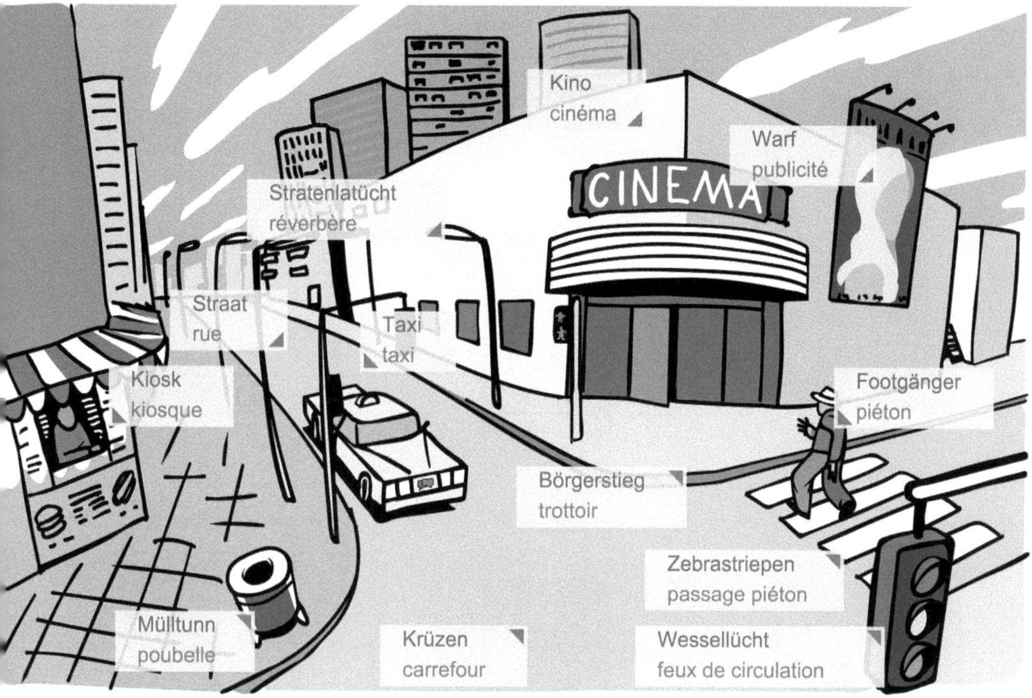

Kino
cinéma

Warf
publicité

Stratenlatücht
réverbère

CINEMA

Straat
rue

Taxi
taxi

Kiosk
kiosque

Footgänger
piéton

Börgerstieg
trottoir

Zebrastriepen
passage piéton

Wessellücht
feux de circulation

Mülltunn
poubelle

Krüzen
carrefour

Hütt

cabane

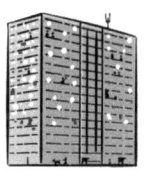

Wahnung

appartement

Bahnhoff

gare

Raathuus

mairie

Museum

musée

School

école

Universität

université

Bank

banque

Krankenhuus

hôpital

Hotel

hôtel

Afteek

pharmacie

Büro

bureau

Bookhökerie

librairie

Hökerie

magasin

Blomenhökerie

fleuriste

Supermarkt

supermarché

Markt

marché

Koophuus

grand magasin

Fischhökerie

poissonnerie

Inkoopszentrum

centre commercial

Haven

port

Parkanlaag

parc

Bank

banque

Brüch

pont

Trepp

escaliers

Ünnergrundbahn

métro

Tunnel

tunnel

Busstoppsteed

arrêt de bus

Bar

bar

Spieslokal

restaurant

Breefkassen

boîte à lettres

Stratenschild

panneau indicateur

Parkklock

parcmètre

Deertenpark

zoo

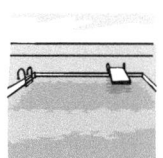

Baadanstalt

piscine

Moschee

mosquée

Buernhoff

ferme

Ümweltversmudden

pollution

Karkhoff

cimetière

Kark

église

Speelplatz

aire de jeux

Tempel

temple

Landschop

paysage

Blatt
feuille

Wiespahl
panneau indicateur

Weg
chemin

Wisch
pré

Steen
pierre

Boom
arbre

Wannerer
randonneur

Fluss
rivière

Gras
herbe

Bloom
fleur

Daal

vallée

Barg

montagne

See

lac

Holt

forêt

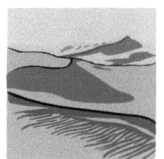

Wööst

désert

Füerspien Barg

volcan

Slott

château

Regenbagen

arc-en-ciel

Poggenstohl

champignon

Palm

palmier

Steekmück

moustique

Fleeg

mouche

Miegeemk

fourmis

Imm

abeille

Spinn

araignée

Sebber

coléoptère

Pogg

grenouille

Katteker

écureuil

Swienegel

hérisson

Haas

lièvre

Uul

chouette

Vagel

oiseau

Swaan

cygne

Wildswien

sanglier

Hirsch

cerf

Elk

élan

Staudamm

barrage

Windrad

éolienne

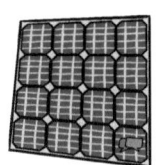

Solarmodul

panneau solaire

Klima

climat

Spieslokal
restaurant

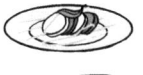

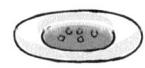

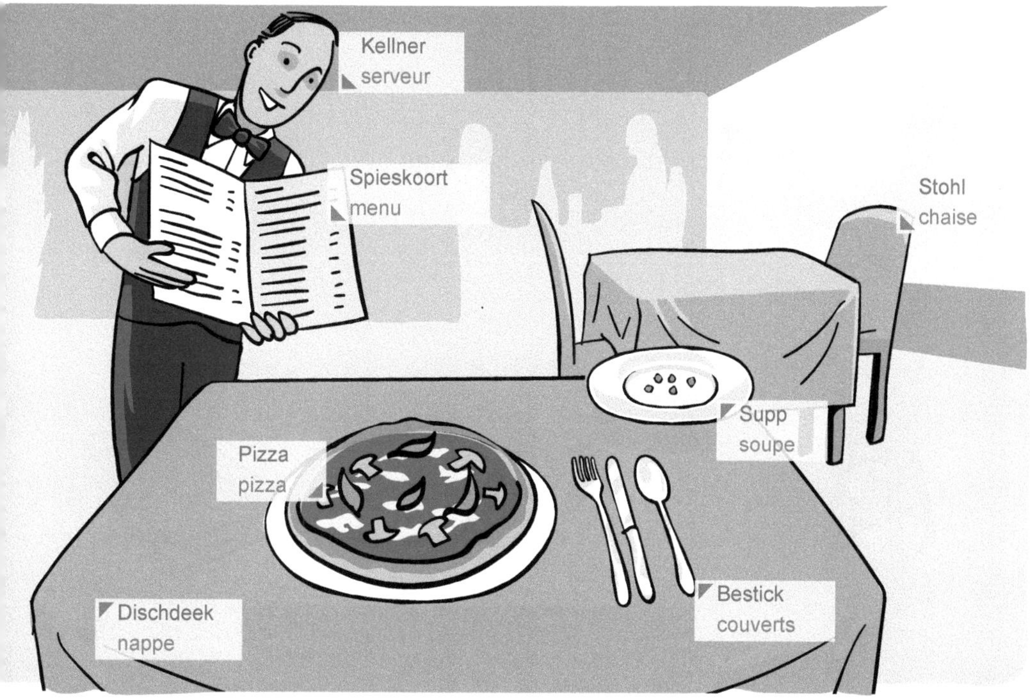
Kellner
serveur
Spieskoort
menu
Stohl
chaise
Supp
soupe
Pizza
pizza
Bestick
couverts
Dischdeek
nappe

Vörspies

hors d'œuvre

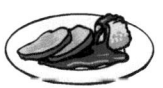

Haupteten

plat principal

Nadisch

dessert

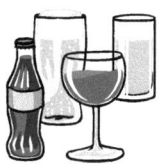

Drünk

boissons

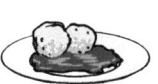

Eten

alimentation

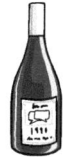

Buddel

bouteille

Fastfood

fast-food

Strateneten

plats à emporter

Teekann

théière

Zuckerdoos

sucrier

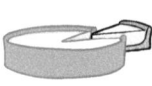

Portschoon

portion

Espressomaschien

machine à expresso

Hoochstohl

chaise haute

Reken

facture

Tablett

plateau

Mess

couteau

Gavel

fourchette

Lepel

cuillère

Teelepel

cuillère à thé

Munddook

serviette

Glas

verre

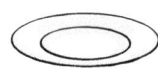

Töller

assiette

Suppentöller

assiette à soupe

Ünnertass

soucoupe

Sooß

sauce

Soltstreuer

salière

Pepermöhl

moulin à poivre

Etig

vinaigre

Ööl

huile

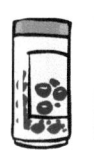

Krüder

épices

Ketchup

ketchup

Mostrich

moutarde

Mayonnaise

mayonnaise

Supermarkt
supermarché

Anbott
offre promotionnelle
FOR
Kunn
client
Melkprodukten
produits laitiers
Aaft
fruits
Inkoopswagen
chariot

BUTCHERS

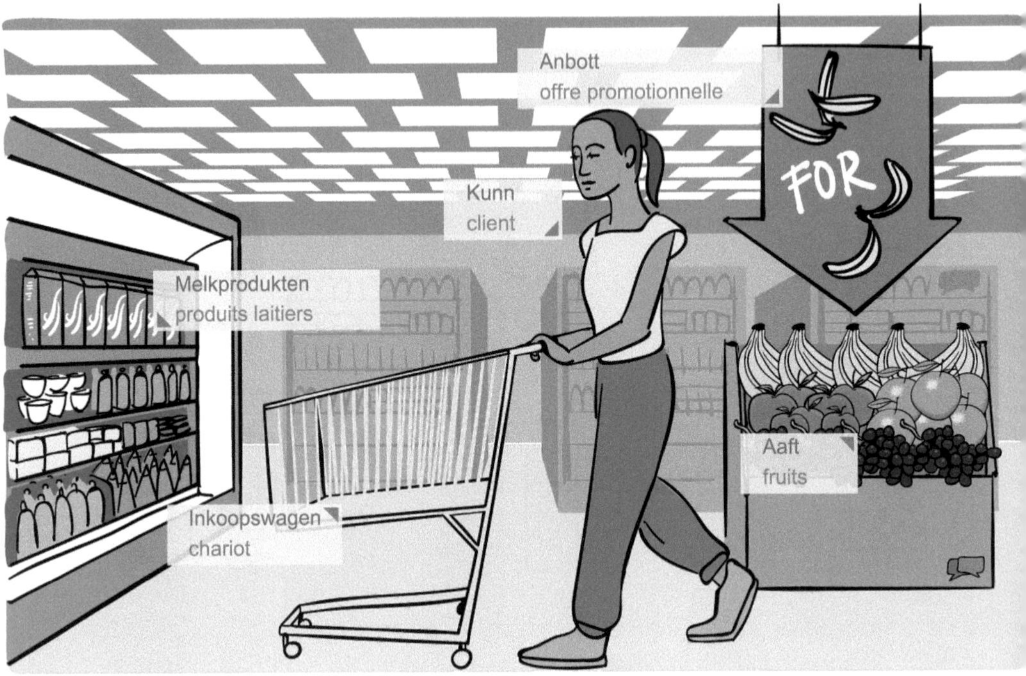

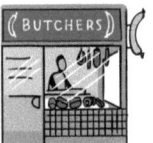

Slachterie
boucherie

BAKERY

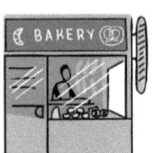

Bäckerie
boulangerie

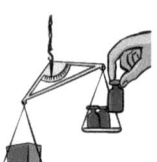

wegen
peser

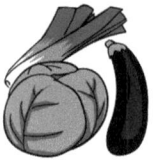

Gröönsaken
légumes

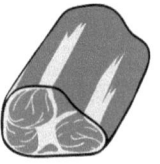

Fleesch
viande

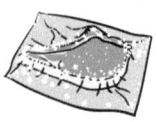

Deepköhlkost
aliments surgelés

Opsnitt

charcuterie

Konserven

conserves

Waschmiddel

poudre à lessive

Snoopkraam

bonbons

Huushooltssaken

articles ménagers

Reinmaaktüüch

détergents

Verköpersche

vendeuse

Kass

caisse

Kasserer

caissier

Inkoopslist

liste d'achats

Opsparrtieden

heures d'ouverture

Breeftasch

portefeuille

Kreditkoort

carte de crédit

Tasch

sac

Plastiktüüt

sac en plastique

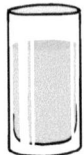

Water

eau

Saft

jus de fruit

Melk

lait

Cola

coca

Wien

vin

Beer

bière

Spriet

alcool

Kakao

chocolat chaud

Tee

thé

Koffie

café

Espresso

expresso

Cappucino

cappuccino

Banaan

banane

Appel

pomme

Appelsien

orange

Meloon

melon

Zitroon

citron

Wöttel

carotte

Knuuvlook

ail

Bambus

bambou

Zibbel

oignon

Poggenstohl

champignon

Nööt

noisettes

Nudeln

pâtes

Spaghetti

spaghetti

Ries

riz

Salat

salade

Pommes frites

pommes frites

Braadkantüffeln

pommes de terre rôties

Pizza

pizza

Hamborger

hamburger

Sandwich

sandwich

Snitzel

escalope

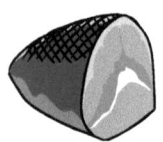

Schinken

jambon

Salami

salami

Wust

saucisse

Hohn

poulet

Braden

rôti

Fisch

poisson

Haverflocken

flocons d'avoine

Müsli

muesli

Cornflakes

cornflakes

Mehl

farine

Croissant

croissant

Rundstück

petits-pains

Broot

pain

Toast

pain grillé

Keksen

biscuits

Botter

beurre

Quark

le fromage blanc

Koken

gâteau

Ei

œuf

Spegelei

œuf au plat

Kees

fromage

les
....
glace

Zucker
....
sucre

Honnig
....
miel

Marmelaad
....
confiture

Nougat-Creme
....
crème nougat

Curry
....
curry

Buernhoff
ferme

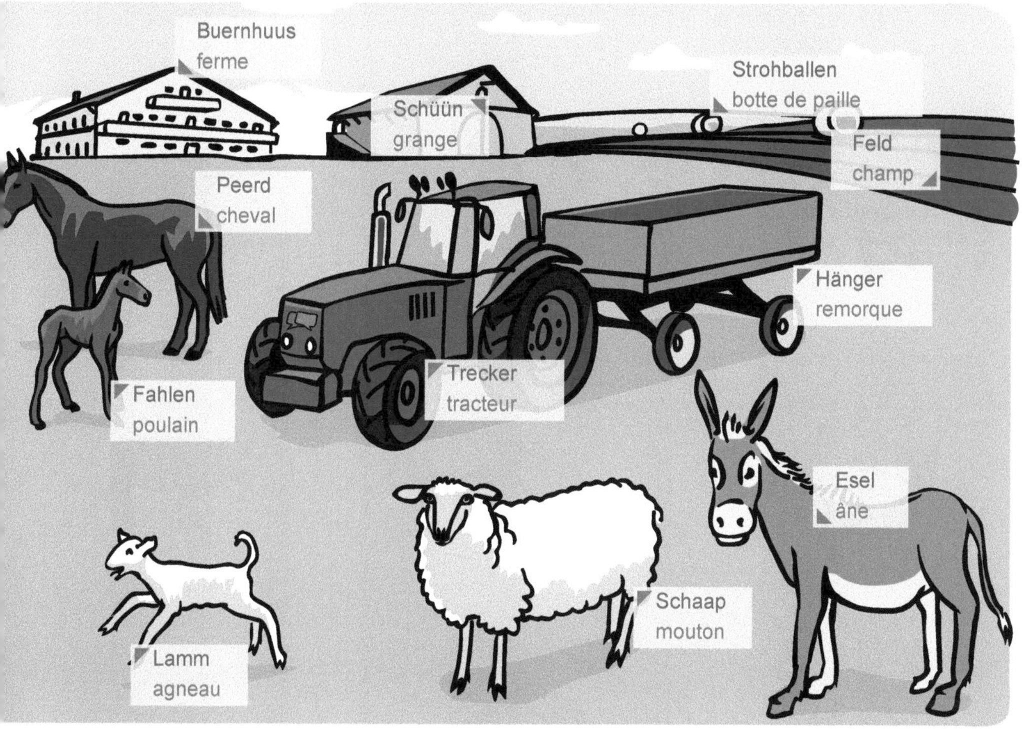
Buernhuus
ferme
Schüün
grange
Strohballen
botte de paille
Feld
champ
Peerd
cheval
Hänger
remorque
Trecker
tracteur
Fahlen
poulain
Esel
âne
Schaap
mouton
Lamm
agneau

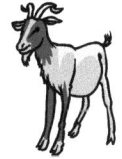

Zeeg

chèvre

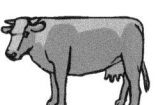

Koh

vache

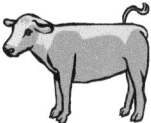

Kalf

veau

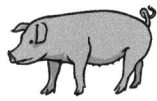

Swien

porc

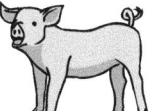

Farken

porcelet

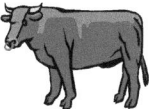

Bull

taureau

Goos

oie

Aant

canard

Küken

poussin

Hohn

poule

Hahn

coq

Rott

rat

Katt

chat

Muus

souris

Oss

bœuf

Hund

chien

Hunnenhütt

chenil

Goornslauch

tuyau de jardin

Geetkann

arrosoir

Lee

faucheuse

Ploog

charrue

Sich

faucille

Hack

pioche

Mestfork

fourche

Ext

hache

Schuufkoor

brouette

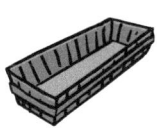

Trog

cuve

Melkkann

pot à lait

Sack

sac

Tuun

clôture

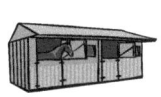

Stall

étable

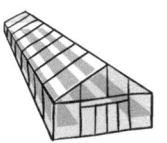

Drievhuus

serre

Bodden

sol

Saat

semences

Dünger

engrais

Meihdöscher

moissonneuse-batteuse

oornen
récolter

Oorn
récolte

Yamswöttel
igname

Weten
blé

Soja
soja

Kantüffel
pomme de terre

Törksche Weten
maïs

Rapp
colza

Aaftboom
arbre fruitier

Troopsch Kantüffel
manioc

Koorn
céréales

Huus
maison

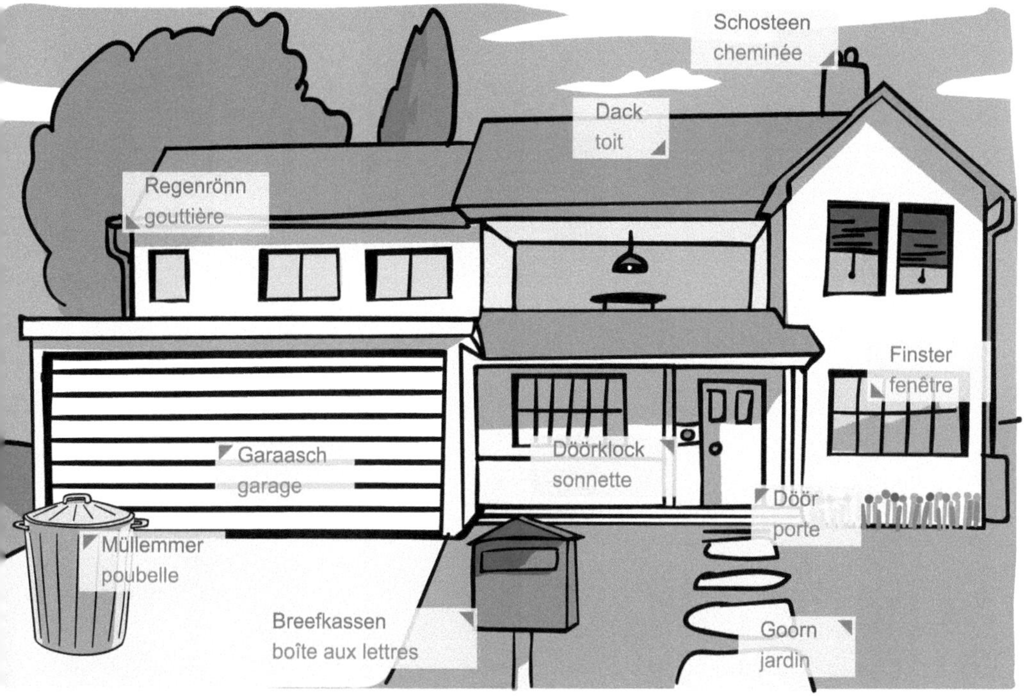
Schosteen
cheminée
Dack
toit
Regenrönn
gouttière
Finster
fenêtre
Garaasch
garage
Döörklock
sonnette
Döör
porte
Müllemmer
poubelle
Breefkassen
boîte aux lettres
Goorn
jardin

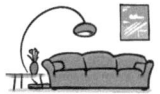

Wahnstuuv
....
salon

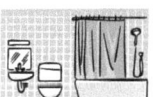

Baadstuuv
....
salle de bain

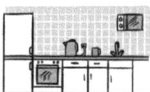

Kööк
....
cuisine

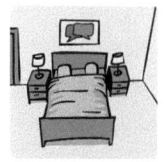

Slaapstuuv
....
chambre à coucher

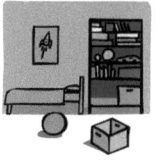

Kinnerstuuv
....
chambre d'enfant

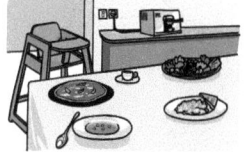

Eetstuuv
....
salle à manger

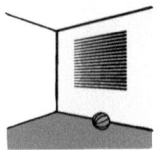

Footbodden
sol

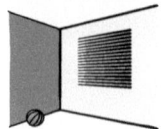

Wand
mur

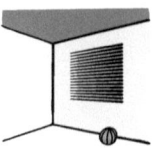

Deek
plafond

Keller
cave

Hittluftbad
sauna

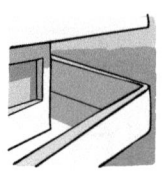

Balkon
balcon

Terrass
terrasse

Swümmbad
piscine

Rasenmeiher
tondeuse à gazon

Bettbetog
housse

Bettdeek
couette

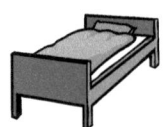

Puuch
lit

Bessen
balai

Emmer
sceau

Schalter
interrupteur

Wahnstuuv

salon

Tapeet
papier peint
Bild
image
Lamp
lampe
Regal
étagère
Schapp
armoire
Kiekkassen
télé
Kamin
cheminée
Bloom
fleur
Küssen
coussin
Sofa
sofa
Vaas
vase
Feernbedenen
télécommande

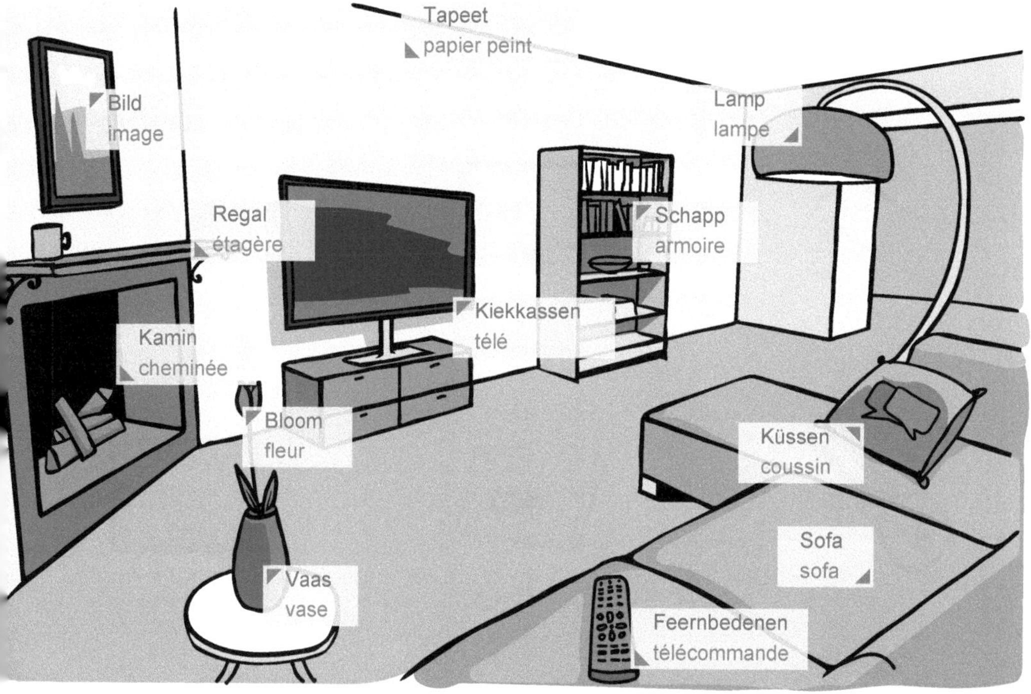

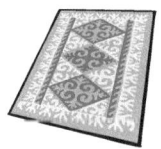

Teppich

tapis

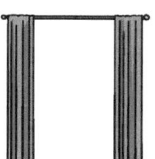

Vörhang

rideau

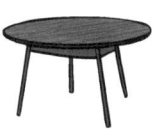

Disch

table

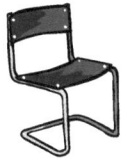

Stohl

chaise

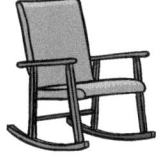

Schuckelstohl

chaise à bascule

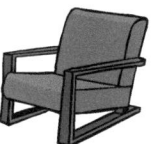

Sessel

fauteuil

Book
livre

Deek
couverture

Dekoratschoon
décoration

Füerholt
bois de chauffage

Film
film

Stereoanlaag
chaîne hi-fi

Slötel
clé

Narichtenblatt
journal

Gemälde
peinture

Poster
poster

Radio
radio

Opschrievblock
bloc-notes

Huulbessen
aspirateur

Kaktus
cactus

Kars
bougie

Köök
cuisine

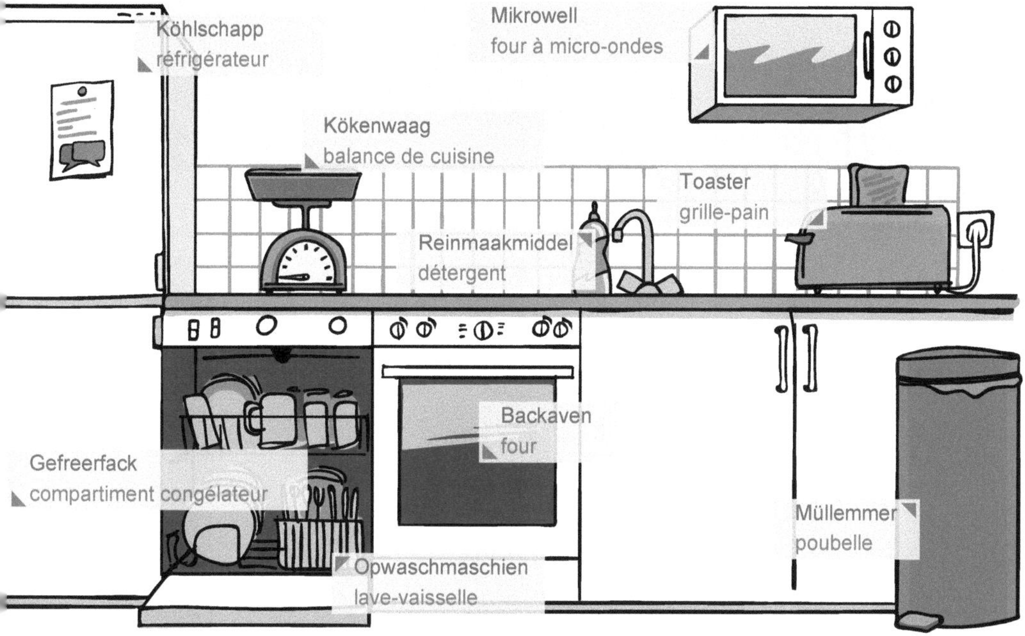

Köhlschapp
réfrigérateur
Mikrowell
four à micro-ondes
Kökenwaag
balance de cuisine
Toaster
grille-pain
Reinmaakmiddel
détergent
Backaven
four
Gefreerfack
compartiment congélateur
Müllemmer
poubelle
Opwaschmaschien
lave-vaisselle

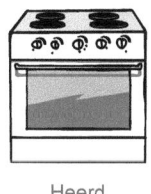

Heerd

four

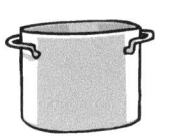

Pott

casserole

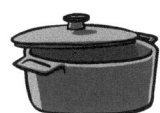

Gussiesern Putt

marmite

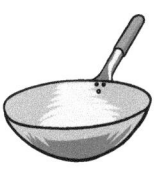

Wok / Kadai

wok / kadai

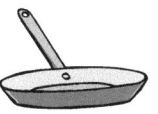

Pann

poêle

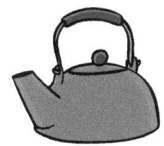

Waterkaker

bouilloire electrique

Dampkaakputt

cuiseur vapeur

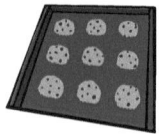

Backblick

plaque de cuisson

Geschirr

vaisselle

Beker

gobelet

Schaal

coupe

Eetsticken

baguettes

Suppenkell

louche

Pannenwenner

spatule

Sneebessen

fouet

Kaakseef

passoire

Seef

tamis

Riev

râpe

Mörser

mortier

Grill

barbecue

Füerstell

cheminée

Sniedbrett

planche à découper

Nudelholt

rouleau à pâtisserie

Proppentrecker

tire-bouchon

Doos

boîte

Dosenaapner

ouvre-boîte

Pottlappen

maniques

Waschbecken

lavabo

Böst

brosse

Swamm

éponge

Mixer

mixeur

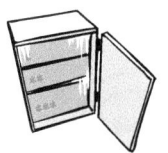

lesschapp

congélateur

Nuckelbuddel

biberon

Waterhahn

robinet

Baadstuuv

salle de bain

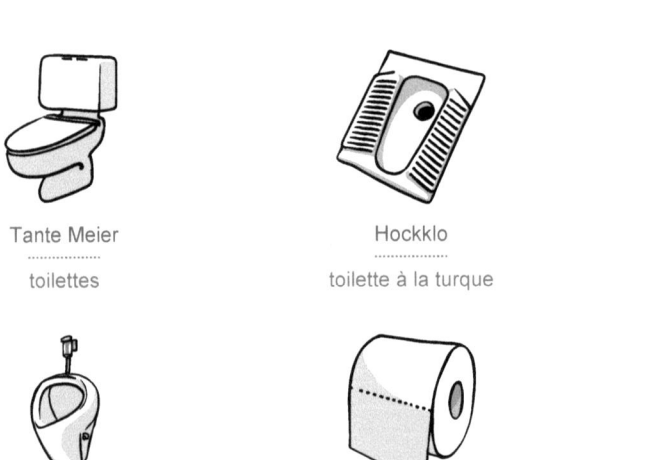

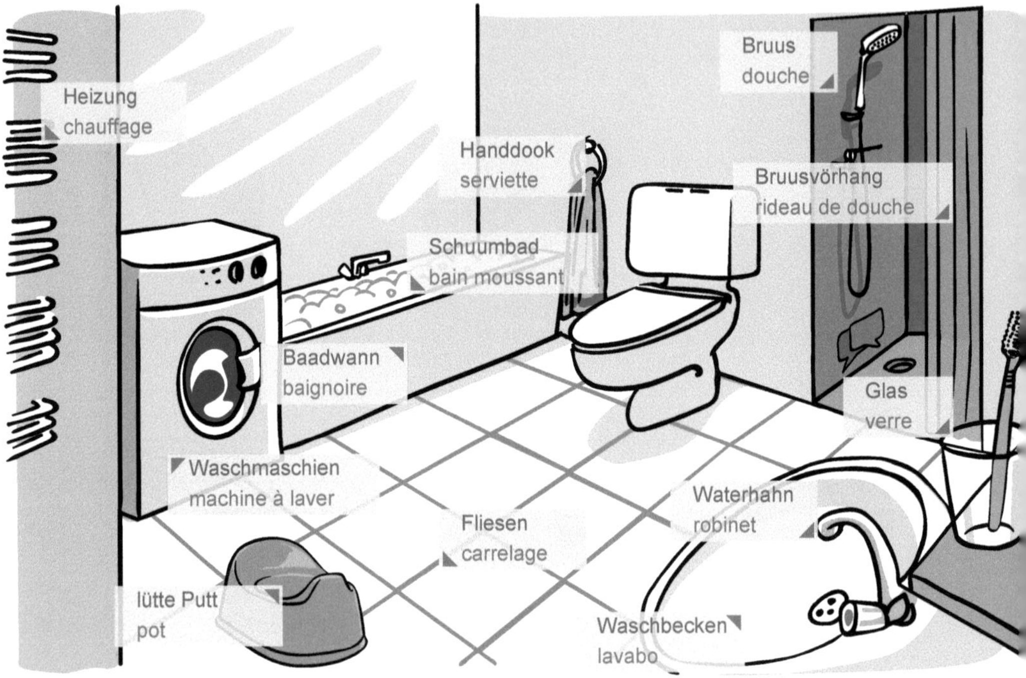
Heizung
chauffage
Bruus
douche
Handdook
serviette
Bruusvörhang
rideau de douche
Schuumbad
bain moussant
Baadwann
baignoire
Glas
verre
Waschmaschien
machine à laver
Waterhahn
robinet
Fliesen
carrelage
lütte Putt
pot
Waschbecken
lavabo

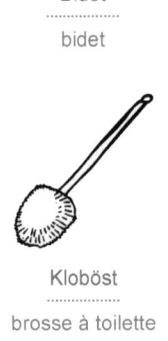

Tante Meier

toilettes

Hockklo

toilette à la turque

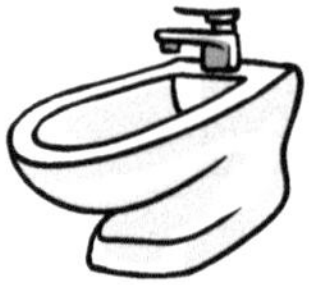

Bidet

bidet

Miegbecken

urinoir

Klopapeer

papier toilette

Kloböst

brosse à toilette

Tähnböst

brosse à dents

Tähnpast

dentifrice

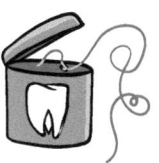

Tähnsied

fil dentaire

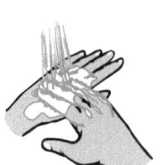

waschen

laver

Handbruus

douche manuelle

Intimbruus

douche intime

Waschschöttel

vasque

Rüchböst

brosse dorsale

Seep

savon

Bruusgeel

gel douche

Hoorwaschmiddel

shampooing

Waschlappen

gant de toilette

Afloop

écoulement

Creme

crème

Deodorant

déodorant

Spegel

miroir

Kosmetikspegel

miroir cosmétique

Raserer

rasoir

Raseerschuum

mousse à raser

Raseerwater

après-rasage

Kamm

peigne

Böst

brosse

Hoordröger

sèche-cheveux

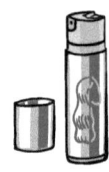

Hoorspray

laque pour cheveux

Smink

fond de teint

Lippensticken

rouge à lèvres

Nagellack

vernis à ongles

Watt

ouate

Nagelscheer

coupe-ongles

Rüükwater

parfum

Kulturbüdel

trousse de toilette

Schemel

tabouret

Waag

pèse-personne

Baadmantel

peignoir

Gummihanschen

gants de nettoyage

Tampon

tampon

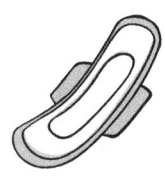

Damenbinn

serviettes hygiéniques

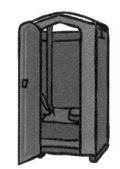

Chemieklo

toilette chimique

Kinnerstuuv
chambre d'enfant

Wecker
réveil
Knudeldeert
doudou
Speeltüüchauto
voiture jouet
Klöter
hochet
Poppenhuus
maison de poupée
Geschenk
cadeau

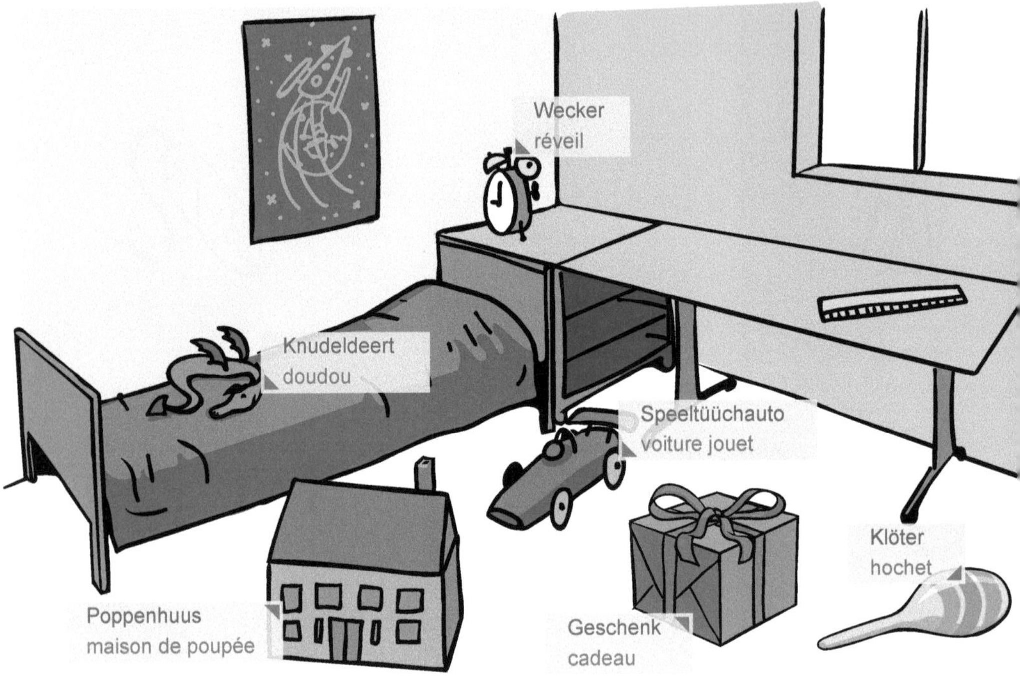

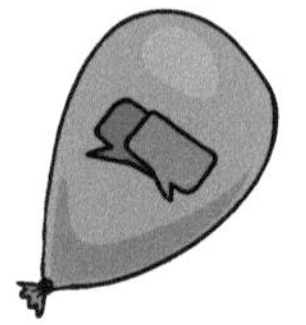

Luftballon
ballon

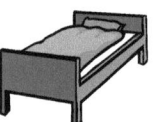

Puuch
lit

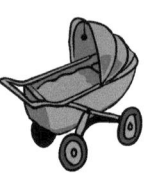

Kinnerwagen
poussette

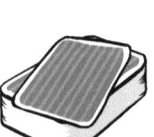

Koortenspeel
jeu de cartes

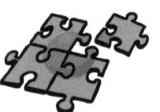

Puzzle
puzzle

SUPER
MEGA

Billergeschicht
bande dessinée

Legostenen

pièces lego

Bustenen

blocs de construction

Action-Figur

figurine

Strampelantog

grenouillère

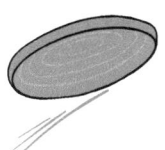

Frisbeeschiev

frisbee

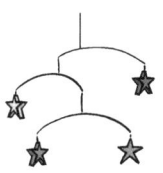

Mobile

mobile

Brettspeel

jeu de société

Wörpel

dé

Modelliesenbahn

train miniature

Snuller

sucette

Party

fête

Billerbook

livre d'images

Ball

balle

Popp

poupée

spelen

jouer

Sandkassen

bac à sable

Schuckel

balançoire

Speeltüüch

jouets

Speelkonsool

console de jeu

Dreerad

tricycle

Teddyboor

ours en peluche

Klederschapp

armoire

Tüüch

vêtements

Socken

chaussettes

Strümp

bas

Strumpbüx

collant

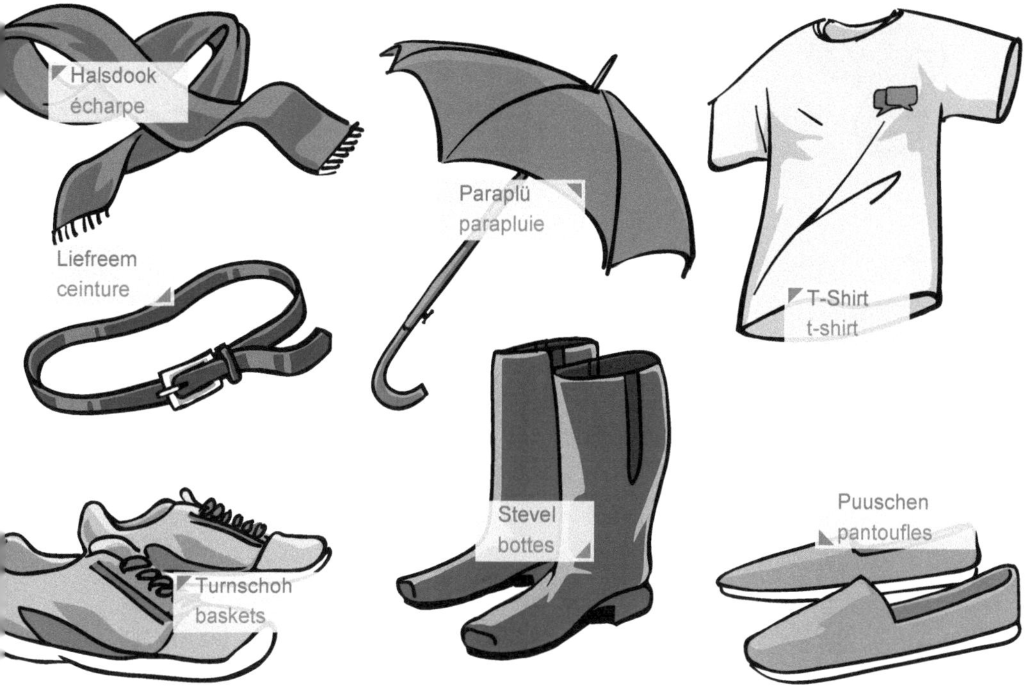

Halsdook
écharpe

Liefreem
ceinture

Paraplü
parapluie

T-Shirt
t-shirt

Stevel
bottes

Puuschen
pantoufles

Turnschoh
baskets

Sandalen
sandales

Schoh
chaussures

Gummistevel
bottes de caoutchouc

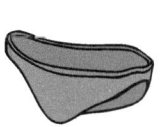

Ünnerbüx
sous-vêtements

Bostholler
soutien-gorge

Ünnerhemd
maillot de corps

Lief

body

Büx

pantalon

Jeansnüx

jean

Rock

jupe

Bluus

chemisier

Hemd

chemise

Pullover

pull

Kapuzenpullover

sweat à capuche

Blazer

veste

Jack

veste

Mantel

manteau

Övertrecker

imperméable

Kostüm

costume

Kleed

robe

Hochtietskleed

robe de mariée

Antog

costume

Nachtkleed

chemise de nuit

Slaapantog

pyjama

Sari

sari

Koppdook

foulard

Turban

turban

Burka

burqa

Kaftan

caftan

Abaya

abaya

Baadantog

maillot de bain

Baadbüx

maillot de bain

Korte Büx

short

Antog to'n Öven

tenue d'entraînement

Schört

tablier

Handschoh

gants

Knopp

bouton

Brill

lunettes

Armband

bracelet

Halskeed

collier

Ring

bague

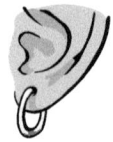

Ohrbummel

boucle d'oreille

Mütz

bonnet

Klederbögel

cintre

Hoot

chapeau

Binner

cravate

Rietslüter

fermeture éclair

Helm

casque

Drachtband

bretelles

Schooluniform

uniforme scolaire

Uniform

uniforme

Severböten

bavoir

Snuller

sucette

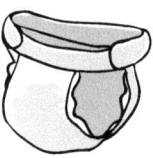

Winnel

lange

Büro

bureau

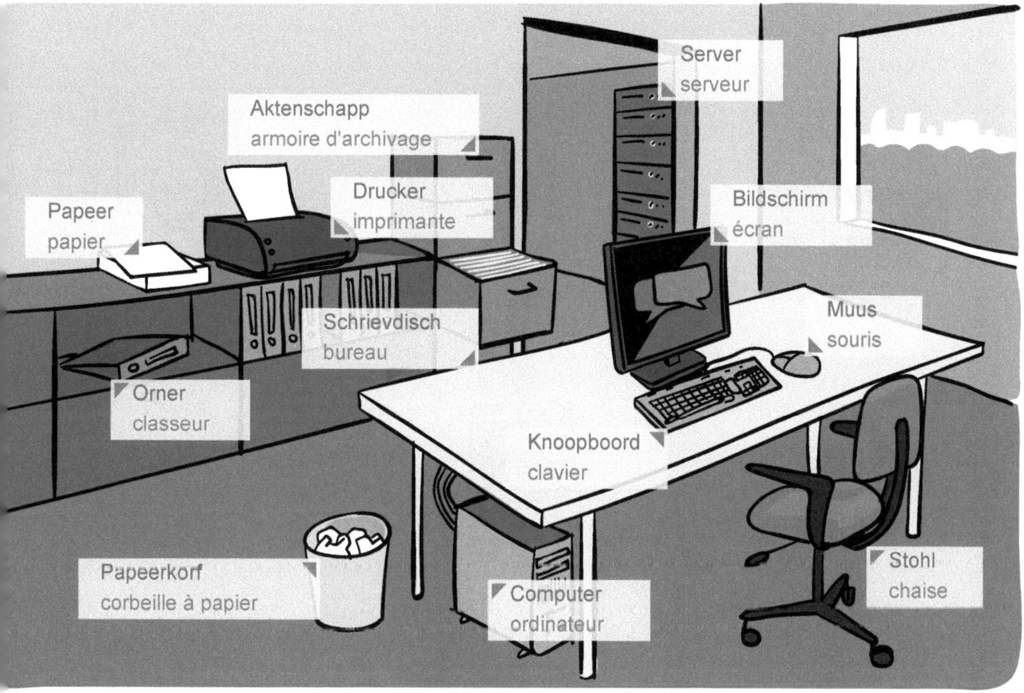

Server
serveur

Aktenschapp
armoire d'archivage

Drucker
imprimante

Papeer
papier

Bildschirm
écran

Schrievdisch
bureau

Muus
souris

Orner
classeur

Knoopboord
clavier

Papeerkorf
corbeille à papier

Stohl
chaise

Computer
ordinateur

Koffiebeker

tasse de café

Taschenreekner

calculatrice

Internet

internet

Klappreekner

ordinateur portable

Breef

lettre

Naricht

message

Ackersnacker

portable

Nettwark

réseau

Kopeerapparat

photocopieuse

Software

logiciel

Klöönkassen

téléphone

Steekdoos

prise

Faxapparat

fax

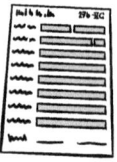

Formulor

formulaire

Dokument

document

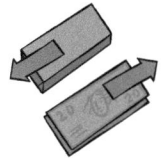

köpen

acheter

betahlen

payer

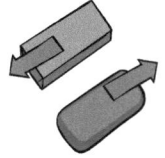

hanneln

faire du commerce

Geld

monnaie

Dollar

dollar

Euro

euro

Yen

yen

Ruvel

rouble

Swiezer Franken

franc suisse

Renminbi Yuan

renminbi yuan

Rupie

roupie

Geldautomat

distributeur automatique

Wesselstuuv

bureau de change

Gold

or

Sülver

argent

Ööl

pétrole

Energie

énergie

Pries

prix

Verdrag

contrat

Stüer

taxe

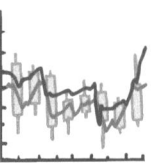

Andeelschien

action

arbeiden

travailler

Anstellte

employé

Arbeitgever

employeur

Fabrik

usine

Hökerie

magasin

Profeschonen
professions

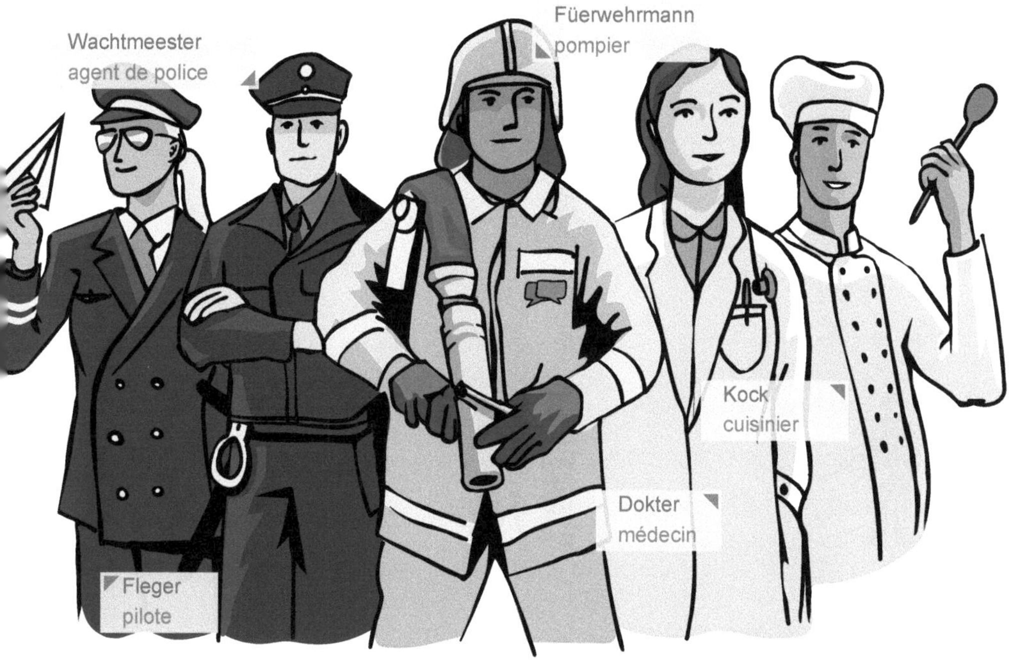
Wachtmeester
agent de police
Füerwehrmann
pompier
Kock
cuisinier
Dokter
médecin
Fleger
pilote

Goorner

jardinier

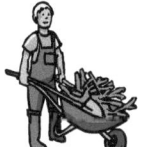

Discher

menuisier

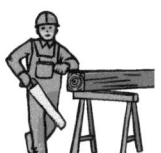

Neihersche

couturière

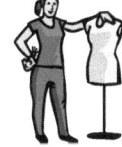

Richter

juge

Chemiker

chimiste

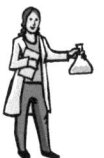

Schauspeler

acteur

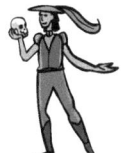

Busfohrer

conducteur de bus

Taxifohrer

chauffeur de taxi

Fischer

pêcheur

Reinmaakfru

femme de ménage

Dackdecker

couvreur

Kellner

serveur

Jäger

chasseur

Maler

peintre

Bäcker

boulanger

Elektriker

électricien

Buarbeider

ouvrier

Ingenieur

ingénieur

Slachter

boucher

Klempner

plombier

Postbüdel

facteur

Suldat

soldat

Architekt

architecte

Kasserer

caissier

Florist

fleuriste

Putzbüdel

coiffeur

Schaffner

contrôleur

Mechaniker

mécanicien

Kaptein

capitaine

Tähndokter

dentiste

Wetenschopler

scientifique

Rabbi

rabbin

Imam

imam

Mönk

moine

Paap

prêtre

Warktüüch

outils

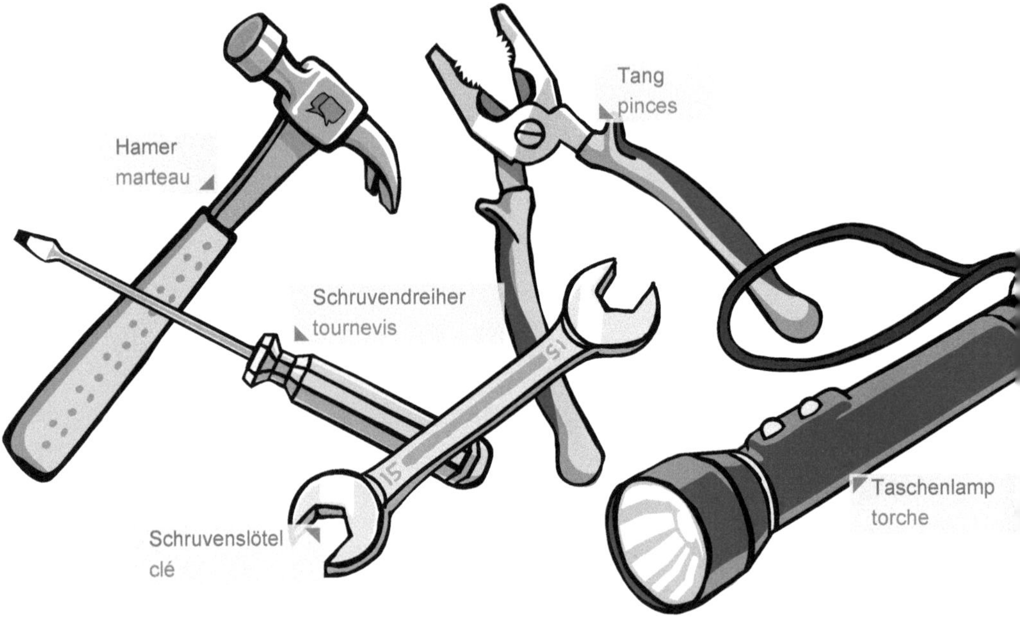
Hamer
marteau
Tang
pinces
Schruvendreiher
tournevis
Schruvenslötel
clé
Taschenlamp
torche

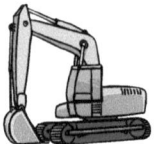

Grieper

pelleteuse

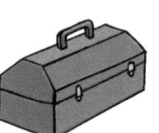

Warktüüchkassen

boîte à outils

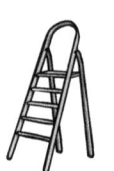

Ledder

échelle

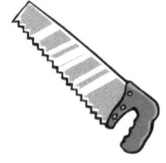

Saag

scie

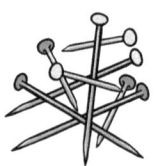

Nagels

clous

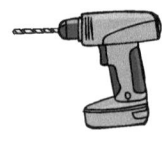

Bohrer

perceuse

heelmaken
réparer

Schüffel
pelle

Schiet!
Mince !

Kehrblick
pelle

Farvpott
pot de peinture

Schruven
vis

Musikinstrumenten
instruments de musique

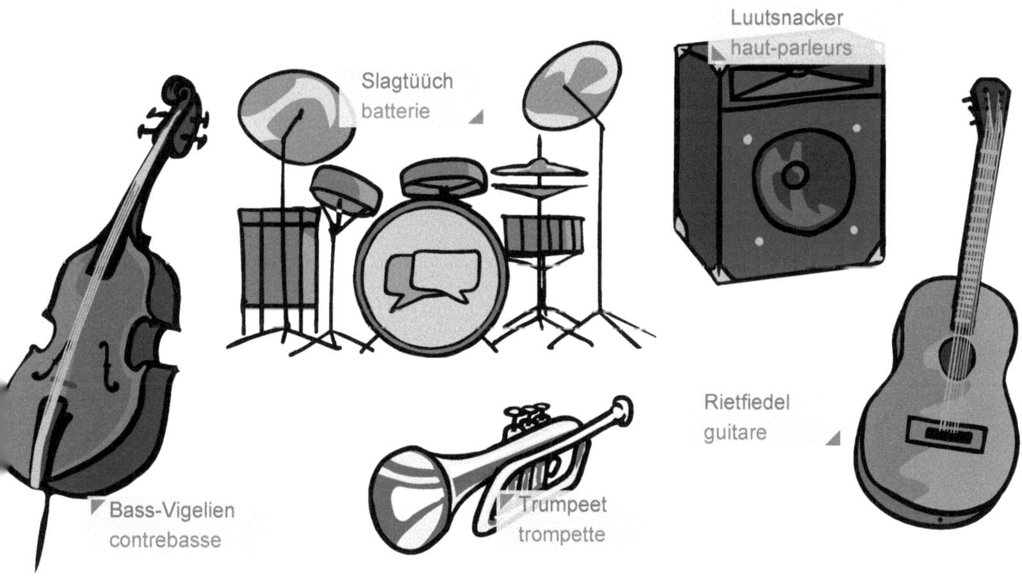

Luutsnacker
haut-parleurs

Slagtüüch
batterie

Bass-Vigelien
contrebasse

Trumpeet
trompette

Rietfiedel
guitare

Klaveer

piano

Vigelien

violon

Bass

basse

Pauk

timbales

Trummeln

tambour

Keyboard

piano électrique

Saxophon

saxophone

Fleut

flûte

Mikrofoon

microphone

Deertenpark

zoo

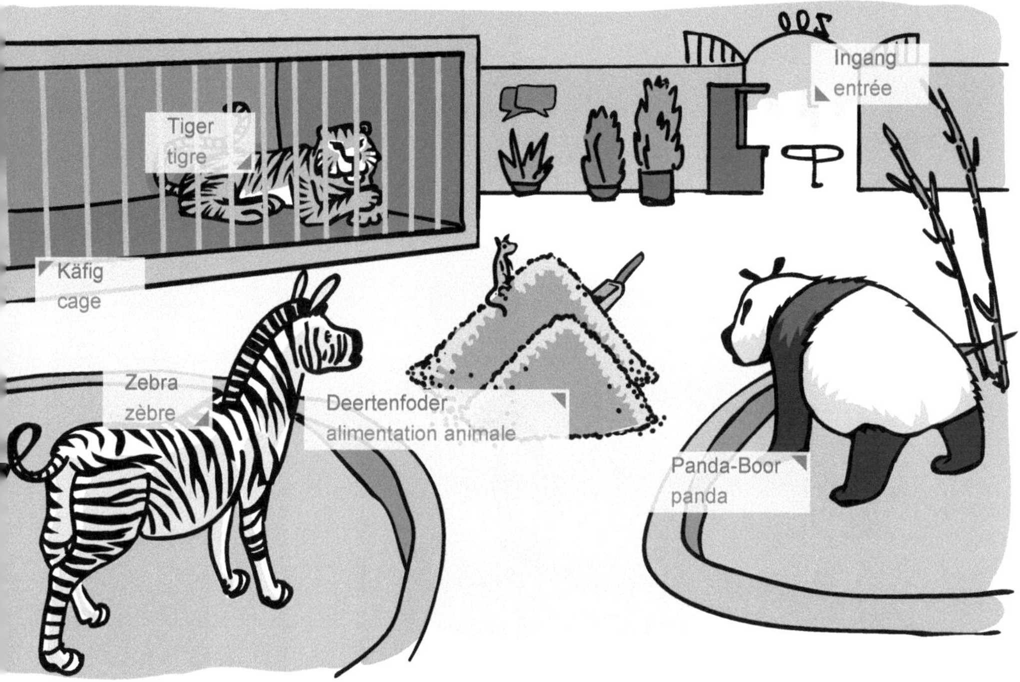

Tiger
tigre
Käfig
cage
Zebra
zèbre
Deertenfoder
alimentation animale
Ingang
entrée
Panda-Boor
panda
zoo

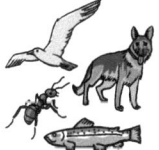

Deerten

animaux

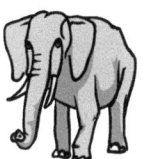

Elefant

éléphant

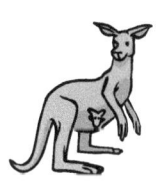

Känguru

kangourou

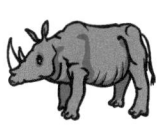

Neeshoorn

rhinocéros

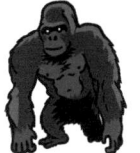

Gorilla

gorille

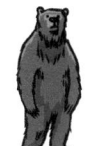

Boor

ours

Kameel

chameau

Struuß

autruche

Lööv

lion

Aap

singe

Flamingo

flamand rose

Papagoi

perroquet

Iesboor

ours polaire

Pinguin

pingouin

Haifisch

requin

Pageluun

paon

Slang

serpent

Krokodil

crocodile

Oppasser in'n Deertenpark

gardien de zoo

Saalhund

phoque

Jaguor

jaguar

Pony

poney

Leopard

léopard

Nilpeerd

hippopotame

Giraff

girafe

Aadler

aigle

Wildswien

sanglier

Fisch

poisson

Schildkrööt

tortue

Walross

morse

Voss

renard

Gazell

gazelle

Amerikaansch Football
american Football

Radfohren
cyclisme

Tennis
tennis

Korfball
basket-ball

Swümmen
natation

Boxen
boxe

Ieshockey
hockey sur glace

Football

football

Fedderball

badminton

Leichtathletik

athlétisme

Handball

handball

Skilopen

ski

Polo

polo

Aktivitäten
activités

lachen
rire
springen
sauter
ümarmen
embrasser
gahn
marcher
singen
chanter
drömen
rêver
beden
prier
snuteln
faire la bise

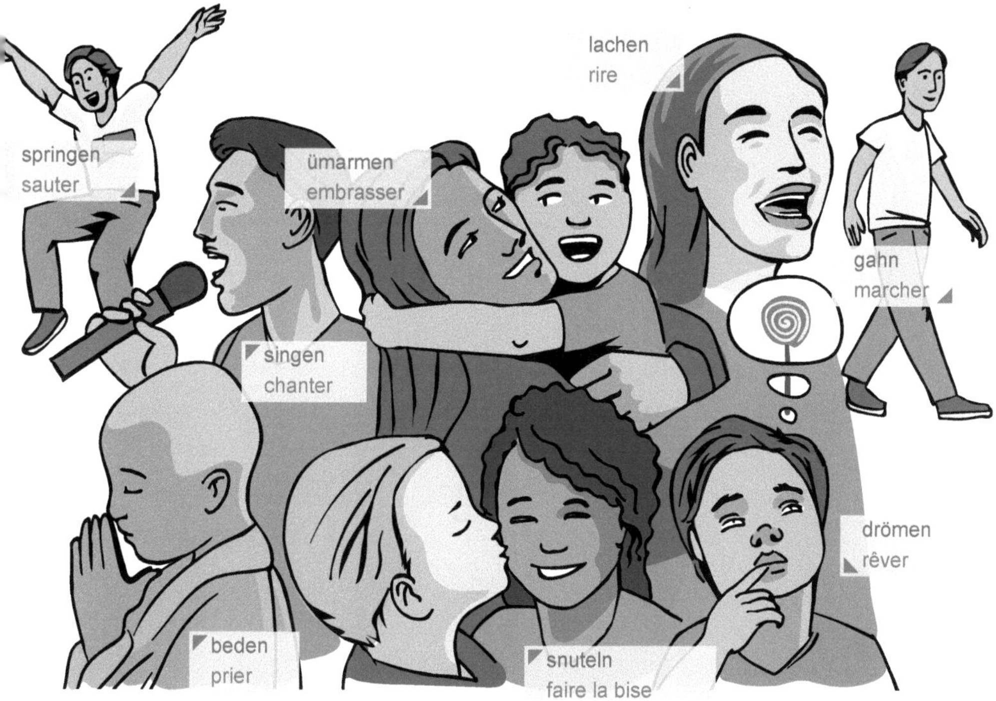

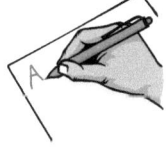

schrieven
écrire

teken
dessiner

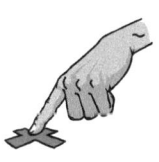

wiesen
montrer

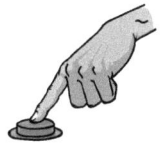

drücken
pousser

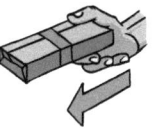

geven
donner

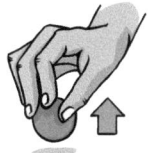

nehmen
prendre

hebben

avoir

doon

faire

sien

être

stahn

être debout

lopen

courir

trecken

trier

smieten

jeter

fallen

tomber

liggen

être couché

töven

attendre

dregen

porter

sitten

être assis

antrecken

s'habiller

slapen

dormir

opwaken

se réveiller

ankieken

regarder

wenen

pleurer

eien

caresser

kämmen

peigner

snacken

parler

verstahn

comprendre

fragen

demander

hören

écouter

drinken

boire

eten

manger

oprümen

ranger

leefhebben

aimer

kaken

cuire

fohren

conduire

flegen

voler

segeln

faire de la voile

reken

calculer

lesen

lire

lehren

apprendre

arbeiden

travailler

de Plünnen tohoopsmieten

se marier

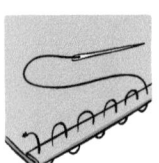

neihen

coudre

Tähnen putzen

brosser les dents

dootmaken

tuer

smöken

fumer

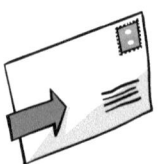

schicken

envoyer

Familje
famille

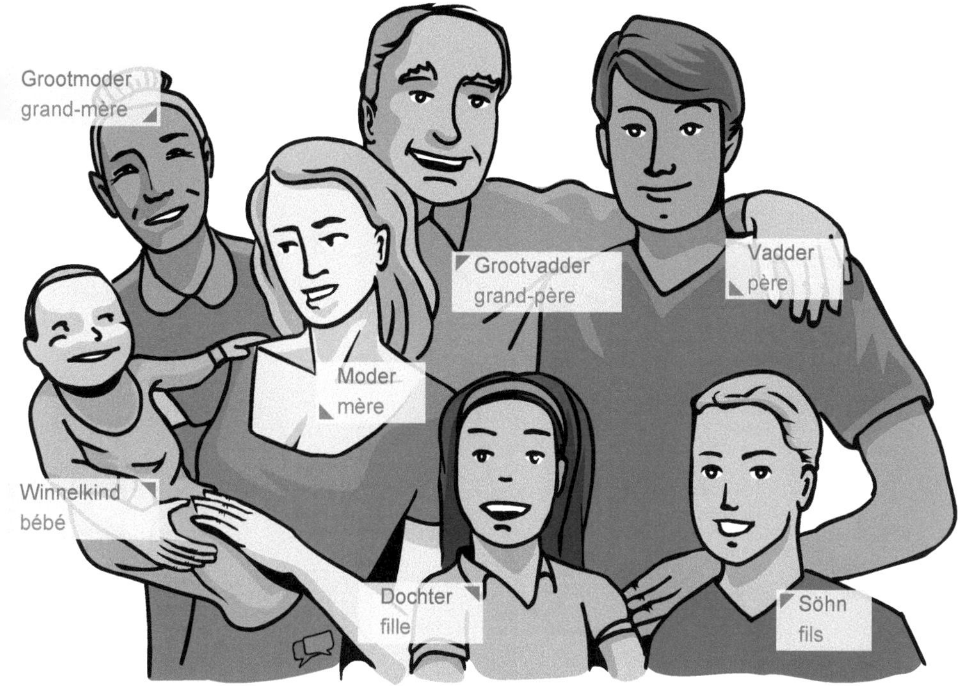

Grootmoder
grand-mère
Grootvadder
grand-père
Vadder
père
Moder
mère
Winnelkind
bébé
Dochter
fille
Söhn
fils

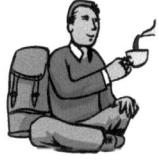

Gast

hôte

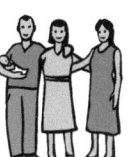

Tant

tante

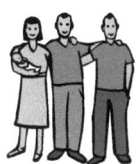

Unkel

oncle

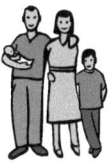

Broder

frère

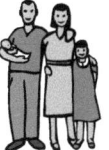

Süster

sœur

Lief

corps

Vörkopp
front
Oog
œil
Gesicht
visage
Kinn
menton
Bost
poitrine
Finger
doigt
Hand
main
Arm
bras
Schuller
épaule
Been
jambe

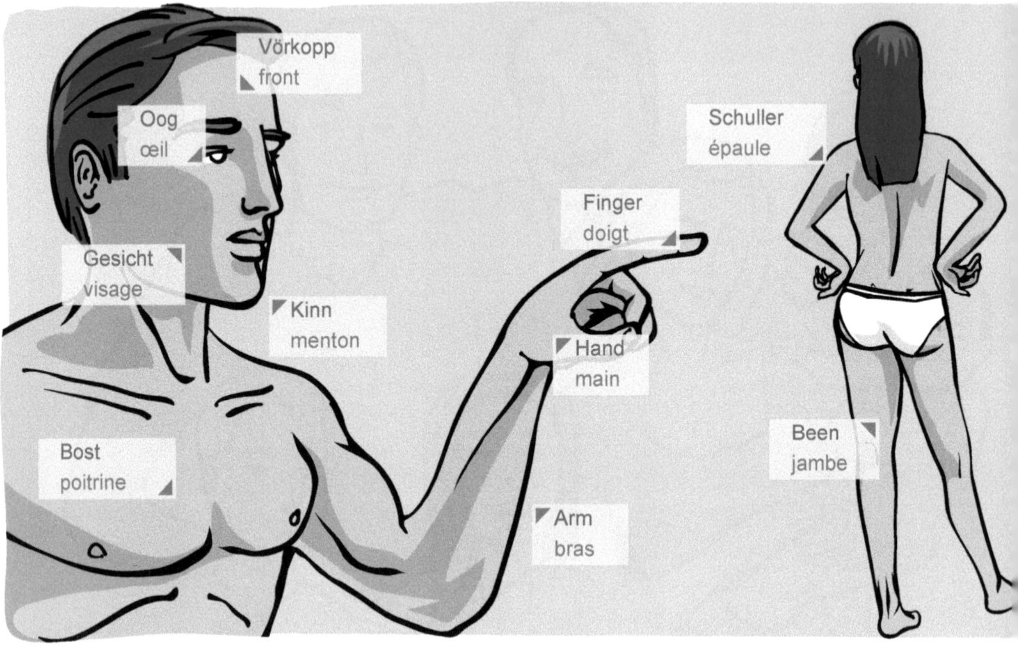

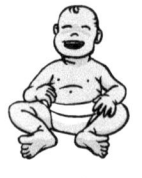

Winnelkind

bébé

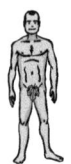

Mann

homme

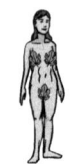

Fro

femme

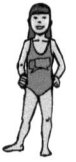

Deern

fille

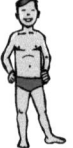

Jung

garçon

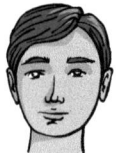

Arm

tête

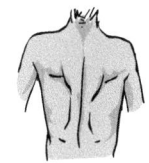	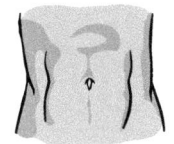	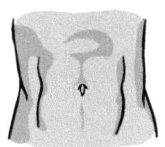
Rüch	**Buuk**	**Navel**
dos	ventre	nombril
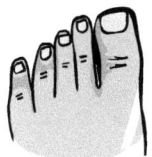	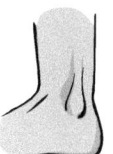	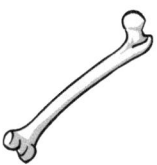
Teh	**Hack**	**Knaken**
orteil	talon	os
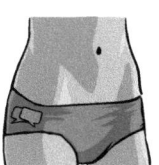	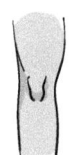	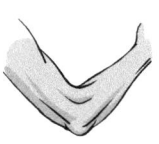
Hüft	**Knee**	**Ellbagen**
hanche	genou	coude
	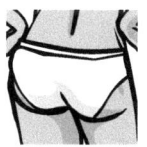	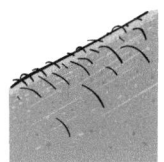
Nees	**Achtersen**	**Huut**
nez	fesses	peau
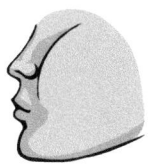	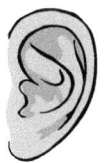	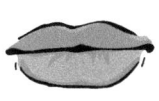
Back	**Ohr**	**Lipp**
joue	oreille	lèvre

Mund

bouche

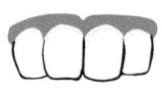

Tähn

dent

Tung

langue

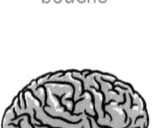

Bregen

cerveau

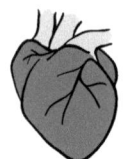

Hart

cœur

Muskel

muscle

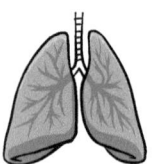

Lung

poumons

Lever

foie

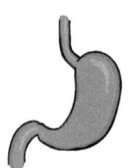

Maag

estomac

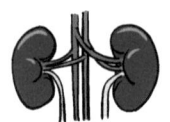

Neren

reins

Bislaap

rapport sexuel

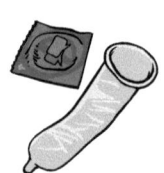

Kondoom

préservatif

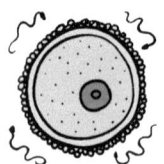

Eizell

ovule

Sperma

sperme

Anner Ümstänn

grossesse

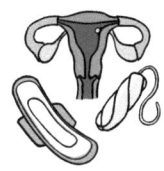

Menstruatschoon

menstruation

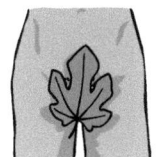

Scheed

vagin

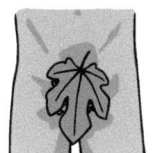

Pint

pénis

Ogenbroe

sourcil

Hoor

cheveux

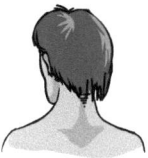

Hals

cou

Krankenhuus
hôpital

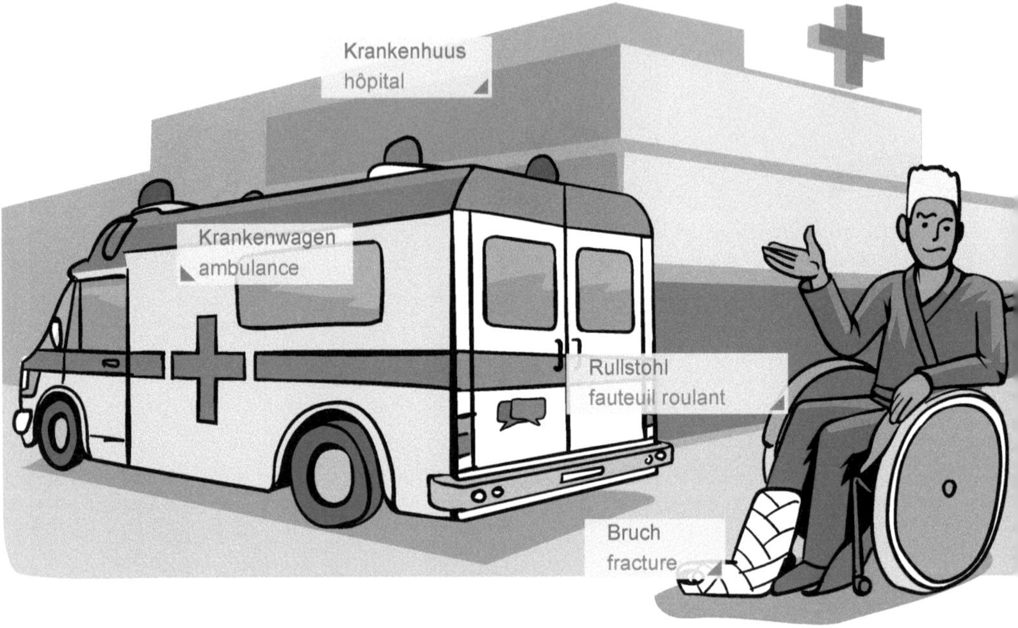

Krankenhuus
hôpital
Krankenwagen
ambulance
Rullstohl
fauteuil roulant
Bruch
fracture

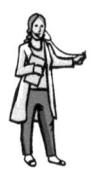

Dokter
médecin

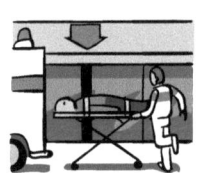

Nootopnahm
service des urgences

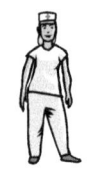

Krankensüster
infirmière

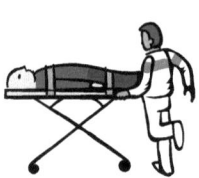

Nootfall
urgence

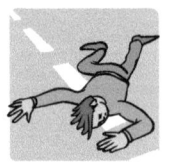

ahnmächtig
inconscient

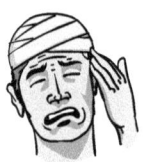

Wehdaag
douleur

Verwunnen

blessure

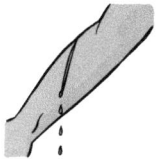

Blöden

hémorragie

Hartinfarkt

crise cardiaque

Slaganfall

attaque cérébrale

Allergie

allergie

Hoosten

toux

Fever

fièvre

Gripp

grippe

Dörchfall

diarrhée

Koppwehdaag

mal de tête

Kreeft

cancer

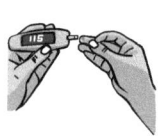

Zuckersüük

diabète

Chirurg

chirurgien

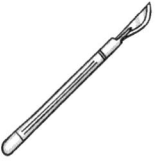

Chirurgsch Mess

scalpel

Operatschoon

opération

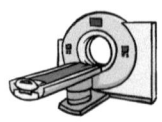

CT

CT

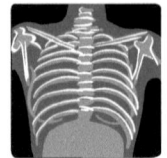

Dörchlüchten

radiographie

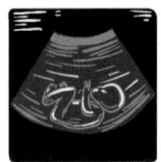

Ultraschall

échographie

Mask

masque

Krankheit

maladie

Töövruum

salle d'attente

Krück

béquille

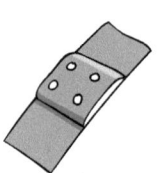

Plaaster

pansement

Verband

pansement

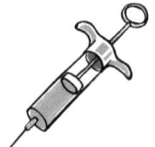

Insprütten

injection

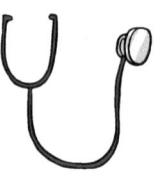

Stethoskop

stéthoscope

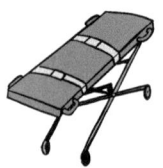

Draag

brancard

Feverthermometer

thermomètre

Geboort

accouchement

Övergewicht

surcharge pondérale

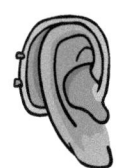

Höörapparat

appareil auditif

Kiemfriemiddel

désinfectant

Ansteken

infection

Virus

virus

HIV / AIDS

VIH / sida

Heelmiddel

médicament

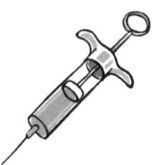

Impen

vaccination

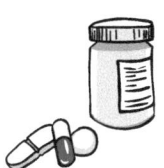

Tabletten

comprimés

Pill

pilule

Nootroop

appel d'urgence

Blootdruck-Meter

tensiomètre

krank / gesund

malade / sain

Hölp!

Au secours !

Alarm

alarme

Överfall

assaut

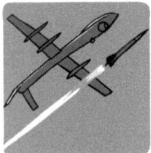

Angreep

attaque

Gefohr

danger

Nootutgang

sortie de secours

Füer!

Au feu!

Füerlöscher

extincteur

Unfall

accident

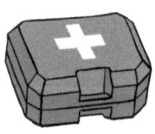

Noothölpkoffer

trousse de premier secours

SOS

SOS

Polizei

police

Europa

Europe

Noordamerika

Amérique du Nord

Süüdamerika

Amérique du Sud

Afrika

Afrique

Asien

Asie

Australien

Australie

Atlantik

Océan atlantique

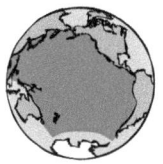

Pazifik

Océan pacifique

Indisch Weltmeer

Océan indien

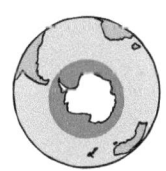

Antarktisch Weltmeer

Océan antarctique

Arktisch Weltmeer

Océan arctique

Noordpol

pôle nord

Süüdpol

pôle sud

Antarktis

Antarctique

Eerd

terre

Land

pays

See

mer

Eiland

île

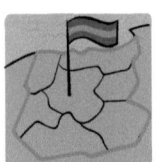

Natschoon

nation

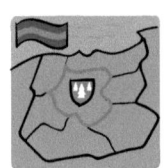

Staat

état

Tallenblatt

cadran

Stunnenwieser

aiguille des heures

Minutenwieser

aiguille des minutes

Sekunnenwieser

aiguille des secondes

Wo laat is dat?

Quelle heure est-il ?

Dag

jour

Tiet

temps

nu

maintenant

digetaalsch Klock

montre digitale

Minuut

minute

Stunn

heure

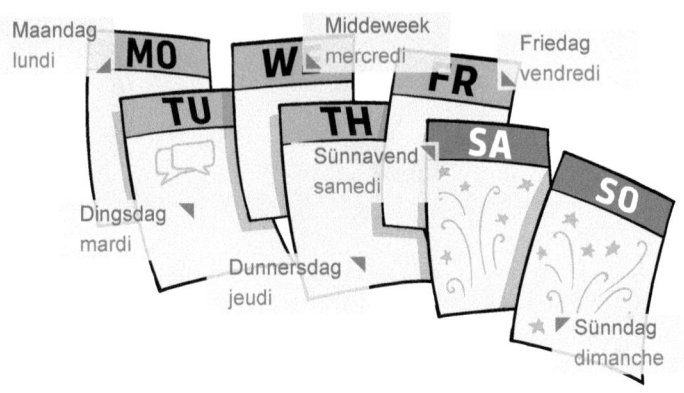

Maandag / lundi
Middeweek / mercredi
Friedag / vendredi
Dingsdag / mardi
Dunnersdag / jeudi
Sünnavend / samedi
Sünndag / dimanche

güstern
hier

hüüt
aujourd'hui

morgen
demain

Morgen
matin

Meddag
midi

Avend
soir

Arbeitsdaag
jours ouvrables

Wekenenn
week-end

Johr
année

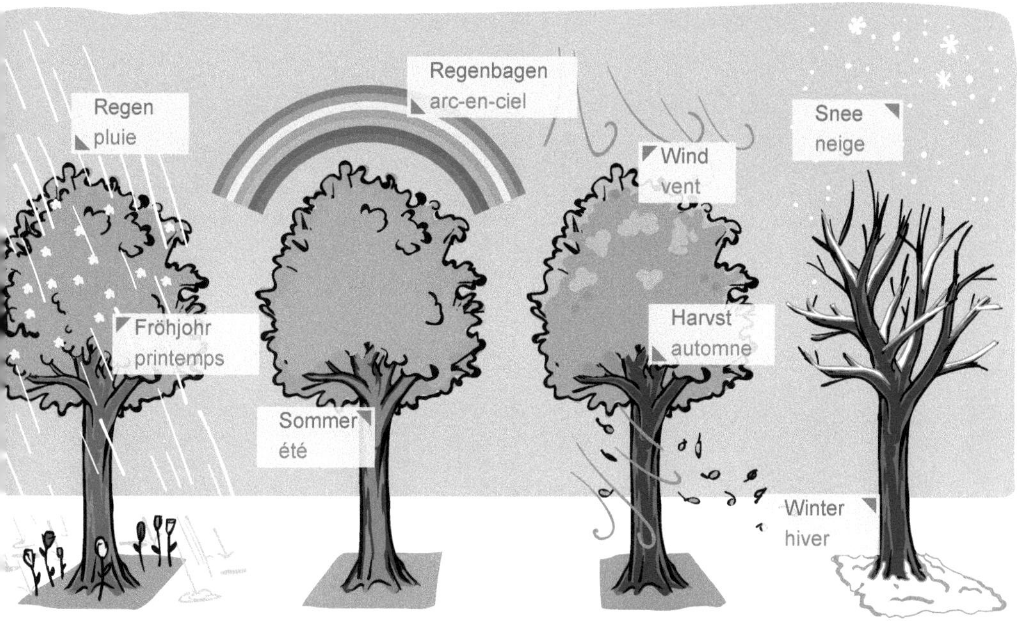
Regen
pluie
Regenbagen
arc-en-ciel
Snee
neige
Wind
vent
Fröhjohr
printemps
Harvst
automne
Sommer
été
Winter
hiver

4.APRIL 11°
5.APRIL 4°
6.APRIL 13°
7.APRIL 8°
8.APRIL 10°

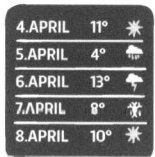

Wedervörhersaag

météo

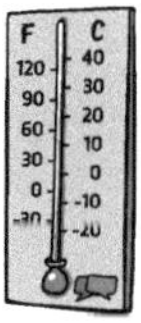
F C
120 40
90 30
60 20
30 10
0 0
-30 -10
-20

Thermometer

thermomètre

Sünnenschien

lumière du soleil

Wulk

nuage

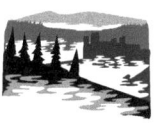

Nevel

brouillard

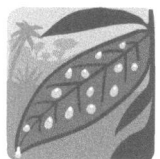

Luftfuchtigkeit

humidité

Blitz

foudre

Dunner

tonnerre

Storm

tempête

Hagel

grêle

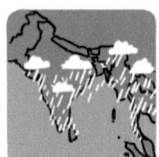

Monsun

mousson

Floot

inondation

Ies

glace

Januormaand

janvier

Februormaand

février

Martmaand

mars

Aprilmaand

avril

Maimaand

mai

Junimaand

juin

Julimaand

juillet

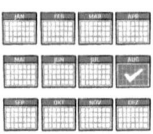

Augustmaand

août

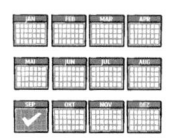

Septembermaand

septembre

Oktobermaand

octobre

Novembermaand

novembre

Dezembermaand

décembre

Formen
formes

Krink

cercle

Quadrat

carré

Rechteck

rectangle

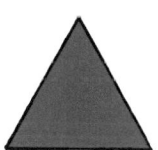

Dreeeck

triangle

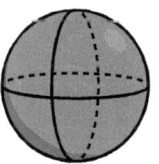

Kugel

sphère

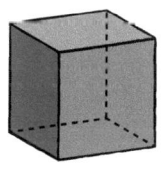

Wörpel

cube

witt
blanc

geel
jaune

orangsch
orange

pink
rose

root
rouge

lila
violet

blau
bleu

gröön
vert

bruun
marron

gries
gris

swart
noir

veel / wenig

beaucoup / peu

böös / verdreeglich

fâché / calme

smuck / mies

joli / laid

Begünn / Enn

début / fin

groot / lütt

grand / petit

hell / düüster

clair / obscure

Broder / Süster

frère / soeur

schier / schietig

propre / sale

kumpleet / nich kumpleet

complet / incomplet

Dag / Nacht

jour / nuit

doot / lebennig

mort / vivant

breet / small

large / étroit

geneetbor / nich geneetbor

....

comestible / incomestible

böös / fründlich

....

méchant / gentil

fickerig / langwielt

....

excité / ennuyé

dick / dünn

....

gros / mince

toeerst / toletzt

....

premier / dernier

Fründ / Fiend

....

ami / ennemi

vull / leddig

....

plein / vide

hart / week

....

dur / souple

swoor / licht

....

lourd / léger

Smacht / Döst

....

faim / soif

krank / gesund

....

malade / sain

nich na't Recht / na't Recht

....

illégal / légal

klook / dummerhaftig

....

intelligent / stupide

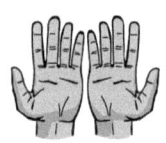

linkerhand / rechterhand

....

gauche / droite

neeg / feern

....

proche / loin

nieg / bruukt
nouveau / usé

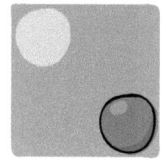

nix / wat
rien / quelque chose

oolt / jung
vieux / jeune

an / ut
marche / arrêt

apen / slaten
ouvert / fermé

lies / luut
faible / fort

riek / arm
riche / pauvre

richtig / verkehrt
correct / incorrect

ruug / glatt
rugueux / lisse

trurig / glücklich
triste / heureux

kort / lang
court / long

suutje / flink
lent / rapide

natt / dröög
mouillé / sec

warm / köhl
chaud / froid

Krieg / Freden
guerre / paix

0

null

zéro

1

een

un / une

2

twee

deux

3

dree

trois

4

veer

quatre

5

fief

cinq

6

söss

six

7

söven

sept

8

acht

huit

9

negen

neuf

10

teihn

dix

11

ölven

onze

12 twölf
douze

13 dörteihn
treize

14 veerteihn
quatorze

15 föffteihn
quinze

16 sössteihn
seize

17 söventeihn
dix-sept

18 achtteihn
dix-huit

19 negenteihn
dix-neuf

20 twintig
vingt

100 hunnert
cent

1.000 dusend
mille

1.000.000 million
million

Engelsch

anglais

Amerikaansch Engelsch

anglais américain

Chineesch Mandarin

chinois mandarin

Hindi

hindi

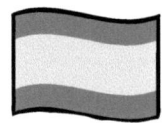

Spaansch

espagnol

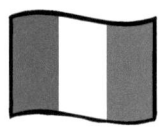

Franzöösch

français

Araabsch

arabe

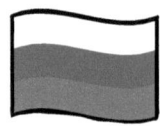

Rusch

russe

Portugiesch

portugais

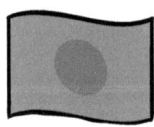

Bengaalsch

bengali

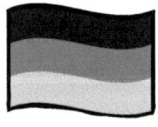

Düütsch

allemand

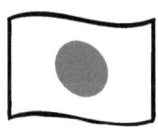

Japaansch

japonais

ik
je

du
tu

he / se / dat
il / elle / ce, c', cela

wi
nous

ji
vous

se
ils / elles

keen?
Qui ?

wat?
Quoi ?

woans?
Comment ?

woneem?
Où ?

wannehr?
Quand ?

Naam
nom

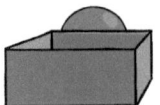

achter

derrière

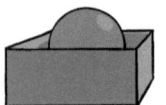

in

dans

vör

devant

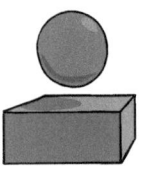

över

au-dessus

op

sur

ünner

en-dessous

blangen

à côté de

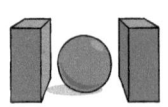

twüschen

entre

Oort

lieu